Susanna Tamaro

Die Demut des Blicks

Wie ich zum Schreiben kam

Aus dem Italienischen von Maja Pflug

Diogenes

Die beiden vorliegenden Essays
›L'umiltà dello sguardo‹
und ›Elogio della grazia‹

erscheinen hier erstmals in Buchform
Foto: Marco Delogu

200/95/8/1
ISBN 3 257 06062 9

Inhalt

Die Demut des Blicks 7
Lob der Anmut 47

Die Demut des Blicks

Der Weg, der mich zur Literatur geführt hat, ist recht sonderbar. Im Unterschied zu jenen Künstlern, die schon als Kind eine besondere Begabung an den Tag legen, zeigte sich bei mir nicht nur keine besondere Begabung, sondern ich war auch ein recht stumpfsinniges kleines Mädchen mit sehr wenig Selbstvertrauen. In der Kindheit, in der frühen Jugend und der Pubertät hielt ich mich immer für jemanden mit eher unterdurchschnittlicher Intelligenz. Diese Meinung wurde übrigens auch von der Schule bestätigt. Zwischen mir und den Lehrern stand immer eine unsichtbare Glaswand. Ich verstand ihre Worte nicht, ihre Argumentationen, ich verstand die Fragen nicht und wußte keine Antwort. In der Erzählung ›Eine Kindheit‹ in meinem Buch *Love* habe ich eine Episode aus meiner Schulzeit geschildert. Es ging um eine Rechenaufgabe, bei der sich eine Badewanne in einer bestimmten Zeit mit Wasser füllen sollte. Anstatt die Aufgabe ordentlich zu lösen, ließ ich die Mieterin aus dem oberen Stockwerk samt Fußboden in die Wanne stürzen, mit dem Ergebnis, daß ich natürlich die allerschlechteste Note bekam. In den literarischen Fächern ging es nicht viel besser. Hieß das Thema ›Erzählt etwas Schönes‹, so schrieb ich: »Heute scheint die Sonne«, und damit war mein Aufsatz fertig. Am Ende der Grundschule lautete das Urteil der Lehrer: apathisches, energieloses Kind, scheint sich für nichts zu interessieren. In der Mittelstufe ging es mir nicht viel anders, und als ich schließlich die Oberstufe besuchte, geriet ich völlig ins Stocken. Ich verstand nichts in Latein, ich verstand nichts in Philosophie, ich verstand nichts in Mathematik, ich verstand einfach gar nichts. Die Unvereinbarkeit zwischen mir und den Fächern war an einen Punkt gekommen, den zu überwinden unmöglich war. Alles wäre noch im Lot gewesen, hätte ich, zum Beispiel, in meiner Freizeit wie eine Wahnsinnige und voller Verzweiflung gelesen oder spätnachts heimlich endlose Poeme verfaßt: Denn man weiß ja, daß die Schule sehr stumpfsinnig sein und die Geburt großer Begabungen verkennen kann, daß diese Begabungen dann aber in ihrer Genialität außerhalb der Schulstunden zum Ausbruch kommen. Leider jedoch war dies bei mir nicht der Fall: Meine freie Zeit verbrachte ich nämlich vor allem mit Sport und mit Spaziergängen in der Natur. Bizarr war die Haltung meiner Familienangehörigen: So gleichgültig sie meine schulischen Mißerfolge aufnahmen (die Ersten in der Schule sind die Letzten im Leben, pflegte meine Mutter zu sagen), so unduldsam waren sie gegenüber meinen athletischen und naturkundlichen Aktivitäten. Sie ist sportlich wie der Großvater, bemerkten sie mit einer gewissen Verlegenheit im Tonfall. Der Großvater mütterlicherseits kam nämlich – im Unterschied zu allen anderen Mitgliedern der Familie, die aus dem mitteleuropäischen jüdischen Großbürgertum stammten – aus sehr einfachen Verhältnissen und war noch dazu Italiener, ja schlimmer noch, er kam aus der im Süden gelegenen Ciociaria. Als Offizier war er während des Ersten Weltkriegs nach Triest versetzt worden, hatte dort meine Großmutter kennengelernt und sie geheiratet. Er liebte alle Sportarten, Jagd, Fechten, Bergsteigen, Würstchengrillen und (das erfuhr ich später) alle Arten von Frauen. In seinem ganzen Leben hat er kein einziges Buch gelesen und ist glücklich gestorben, ohne das geringste Bedauern, nie etwas gelesen zu haben. Der Großvater also war das Schreckgespenst, das über meinem Haupte schwebte, und nicht die schulischen Mißerfolge. Meine Familie gehörte ja, wie schon gesagt, dem mitteleuropäischen jüdischen Großbürgertum an. Zunächst arme Kurzwarenhändler aus Siebenbürgen, dann, nach ein paar Generationen, mit Geschick und etwas Glück zu international erfolgreichen Lackfabrikanten geworden, pflegten sie neben ihrem Talent für den Handel nicht wenige kulturelle Passionen. Meine Urgroßmutter war Opernsängerin, während ihr Bruder – Chemiker und außergewöhnlich virtuoser Pianist, Homosexueller und Kokainabhängiger – einer der ersten Patienten von Freud und Groddeck war und das chinesische Weisheitsbuch *I Ging* ins Italienische übersetzte. Eine Schwester von ihr, Livia, heiratete dann einen Cousin, Ettore Schmitz, der sich dem Schreiben widmete und später unter dem Namen Italo Svevo weltberühmt wurde. Der Ehemann der Urgroßmutter, also mein Urgroßvater, war ein hervorragender Cellist, ebenso wie alle seine Geschwister. Am Donnerstagnachmittag öffneten sich die Tore der Villa, in der alle gemeinsam lebten, zum allwöchentlichen intellektuellen Salon. Und zu den regelmäßigen Gästen, die daran teilnahmen, gehörten der Pianist Vladimir Horowitz und der Philosoph Carlo Michelstaedter ebenso wie Montale und Pirandello. Der Wahrheit zu Ehren will ich hinzufügen, daß es trotz all dieser Vorgeschichten bei meinen Verwandten nie einen besonderen Vergangenheits- oder Namenskult oder ähnliche Dummheiten gegeben hat. Zum Zeitpunkt meiner Geburt hatten sie darüber hinaus schon alle ihre Reichtümer verloren, die Villa war unter den Bomben des Zweiten Weltkriegs eingestürzt, und so wuchs ich zwischen einer finsteren Wohnung und einem finsteren Hinterhof auf, besuchte eine finstere staatliche Schule und kam nicht einmal vage auf die Idee, daß zwischen mir und den Kindern aus der finsteren Wohnung unter uns auch nur der geringste Unterschied bestehen könnte, was die Vorfahren anging. Dennoch hörte ich immer eine gewisse Besorgnis aus der Stimme meiner Mutter heraus, wenn sie mein Schicksal mit dem des Großvaters verband. Mir hätte es natürlich sehr gefallen, Offizier zu werden, weil Disziplin und Regeln mir schon immer Sicherheit gegeben haben. Aber leider war ich ein Mädchen, und Mädchen konnten zu jener Zeit nicht von Ruhm auf dem Schlachtfeld träumen; zudem graute und graut es mir, im Unterschied zu Großvater, vor Würstchengrillen und allen Situationen, in denen die Menschen zechen und prassen. Mit sechs Jahren war ich schon ein kleiner Einsiedlermönch, dem Schweigen und der Betrachtung all dessen verschrieben, was mich umgab. Die Einsamkeit war der einzige Zustand, in dem ich ein Glücksgefühl erreichte. Fern von der Schule, fern von den anderen Kindern, mit denen es mir nicht gelang, in irgendeinen Dialog zu treten, konnte ich mich ganze Stunden in der Betrachtung eines Ameisenhaufens verlieren, eines Blattes, das an einem Ast schwankte, und in solchen Augenblikken war ich nicht mehr ich, das stumpfsinnige Kind, sondern die Ameise, das Blatt, der Wind. Mich in die Natur versenkend, kam ein großer Friede über mich. So wuchs in dem Maß, in dem meine Fähigkeit verging, mit den Menschen und der sozialen Umwelt in Beziehung zu treten, eine außerordentliche Fähigkeit in mir, den Kosmos zu beobachten. Kaum konnte ich alleine lesen, begann ich, mir alle möglichen Bücher über das Geheimnis des Lebens zu beschaffen; ich lernte den Namen eines Vogels und gleich danach noch zehn weitere Vögel, deren Namen und Lebensgewohnheiten; mit acht Jahren konnte ich etwa fünfzig Vogelarten schon erkennen, wenn ich sie in der Ferne durch die Luft flattern sah. Und nicht nur die Vögel, sondern auch die Steine, die Insekten, die kleinen Säugetiere, die Katzenarten, die gallertartigen, weichen Fische der Meerestiefen.

Wäre meine Familie etwas liebevoller und aufmerksamer gewesen, hätte ich wahrscheinlich eine brillante Laufbahn als Biologin vor mir gehabt. Statt dessen wurden mein Durst nach Einsamkeit und meine Leidenschaft zu katalogisieren, auch angesichts der mangelnden Entsprechung auf der schulischen Ebene, mehr als Vorzeichen einer Form von Wahnsinn (von dem die Familie nicht ganz frei war) denn als Hinweis auf eine frühe wissenschaftliche Neigung gedeutet. Nun, ich selbst hatte unterdessen beim Lesen eine außerordentliche Entdeckung gemacht: die Existenz der Fossilien und Dinosaurier; und mit dieser Entdeckung hatte sich ein Gedanke in meinem Geist einen Weg gebahnt, nämlich, daß nichts stabil war, daß die Welt, die ich jeden Tag ruhig und gelassen sah, sich von einem Augenblick zum anderen in etwas Furchtbares verwandeln konnte. So begann ich, meine alte Lehrerin mit den Haaren am Kinn zu betrachten und mich zu fragen, wie es denn möglich war, daß sie ganz ruhig dort stand und erklärte, wie viele Tortenstücke man essen konnte, wenn man insgesamt ein Fünftel der Torte aß; ich sah zu, wie die anderen Mädchen mit Puppen spielten, wie meine Mutter Kartoffelbrei zubereitete, und fragte mich: Wie ist es möglich, daß sie so ruhig und gleichgültig sind, bei all dem, was von einem Augenblick zum anderen passieren kann?

Ich fragte mich, ob sie nichts davon wußten oder so taten, als wüßten sie nichts, und über all diesen Fragen begann sich ein Verdacht in mir zu regen, der Verdacht, daß alles nur Konvention sei, Schein, daß schreckliche Dinge die Welt regierten und alle Menschen darauf abgerichtet waren, so zu tun, als sei nichts. Nachts, in den Träumen, floh ich in meinem hellblauen Pyjama kilometerweit schreiend vor den entsetzlichen Kiefern der Dinosaurier, am Tag weigerte ich mich aus Angst vor dem plötzlichen Einschlag eines Meteoriten, auf den Balkon zu gehen, um die Wäsche abzunehmen, und wenn meine Mutter die Waschmaschine öffnete, ohne vorher hineinzusehen, schloß ich die Augen und begann zu zittern, weil ich wußte, daß das Herz der Erde weich und aus Feuer war und sich von einem Augenblick zum anderen entschließen konnte, hochzukommen, es konnte aufsteigen und aus jeder beliebigen Leitung lodernd hervorbrechen. Doch wenn meine Mutter mich dann fragte »warum weinst du?« oder »warum willst du nicht hinausgehen?« oder »warum machst du die Augen zu und zitterst?«, antwortete ich natürlich nicht »weil es Dinosaurier und Meteoriten gibt, weil das Herz der Erde rot und glühend ist«, sondern sagte »nichts, nichts«. Im stillen dachte ich nämlich, daß es, wenn sie nichts wußten, besser war, sie nicht zu beunruhigen, aber im Kopf meiner Mutter und der Lehrer in der Schule setzte sich immer mehr der Gedanke durch, ich sei mit einem nicht unerheblichen frühen Wahnsinn behaftet. Während ich mich als einen recht langweiligen Menschen wahrnahm und meine Phantasie nicht erkannte, erschien ich in den Augen der anderen wie ein Sonderling. Daß diese Sonderbarkeit allerdings mehr als psychische Anomalie denn als Vorankündigung einer Begabung behandelt wurde, drängte mich in eine noch größere Isolation und soziale Ausgrenzung. Auf der einen Seite war die Welt – alle wirklichen Dinge, die geschahen, und die Menschen, die sie begreifen und damit umgehen konnten –, auf der anderen ich mit meinen Dinosauriern, mit meinen Meteoriten und mit meiner absoluten Unfähigkeit, all das, was im Universum der erwachsenen und normalen Menschen geschah, zu begreifen und damit umzugehen. Damals jedoch, so etwa mit zehn Jahren, fand ich noch große Erleichterung und großen Trost im Ausüben verschiedener Sportarten. Jeden Tag ging ich ins Schwimmbad und schwamm stundenlang hin und her, wobei ich der Linie der dunklen Kacheln auf dem Beckengrund folgte. Ich hatte außerordentliches Talent, lange Arme, breite Schultern und große Ausdauer beim Training. Die Schwimmlehrer verfolgten meine Fortschritte aufmerksam, sie waren sich fast sicher, daß ich ein Schwimmstar werden könnte, und gewiß wäre ich es geworden, wenn ich nicht eines Tages, während ich hin und her schwamm, bemerkt hätte, daß es auf dem Grund des Schwimmbeckens einen großen Stöpsel gab. Dieser Stöpsel, dachte ich, konnte jederzeit aufgehen, er konnte aufgehen und das ganze Wasser im Becken würde abgesaugt; in dem Becken war ich, und also würde ich enden wie mein Goldfisch, für immer verloren in den Tiefen der Leitungsrohre.

So hörte ich von einem Tag zum anderen zu schwimmen auf. Als nächstes widmete ich mich der Leichtathletik: Ich begann mit Weitsprung und ging dann über zum Speerwerfen. Jeden Nachmittag rannte ich auf dem roten Belag der Laufbahn hin und her, turnte am Barren, stemmte Gewichte, rannte auf der Wiese und warf den Speer gen Himmel, und während er flog, blieb ich still stehen, die Arme an die Seiten gelegt, und folgte seiner Flugbahn. Insgeheim hoffte ich nämlich, eines Tages würde er, anstatt zu schweben, weit hinauf zwischen die Wolken aufsteigen und schließlich aus der Erdumlaufbahn verschwinden. Denn mittlerweile hatte ich unter anderem das Gesetz der Schwerkraft entdeckt, und diese Entdeckung kam in ihrer Bedeutungsschwere fast der der Dinosaurier gleich: Es erschien mir zugleich unmöglich und schrecklich, daß alle Dinge unausweichlich von Anfang bis Ende an diesem instabilen Boden kleben sollten.

Ich stand morgens auf und stellte mir vor, ich hätte eine Marmorplatte auf dem Kopf, und diese Platte schleppte ich den ganzen Tag mit mir herum. Das Speerwerfen war nichts anderes als ein persönlicher, bescheidener Versuch, dieses unerbittliche Gesetz zu durchbrechen. Natürlich fiel der Speer – wenn auch in immer weiterer Ferne – stets auf den Boden, daher ließ ich nach einigen Jahren auch die Leichtathletik fallen. – Unterdessen ging es in der Schule immer schlechter: Latein, Algebra, Fremdsprachen waren hinzugekommen, stießen an meinen Kopf und prallten ab, ohne je hineingelangen zu können. In jenem Alter wußten alle schon mehr oder weniger, was sie einmal werden würden, wenn sie groß waren, ich aber hatte keine klaren Vorstellungen: Angesichts meiner mangelhaften intellektuellen Begabung dachte ich, daß ich wohl am besten Gärtnerin oder etwas ähnliches werden sollte. Diese Phantasien, vom Speer und vom Gärtner, haben dann kreative Umsetzung gefunden in meinem ersten Buch: *Kopf in den Wolken.*

Ich wohnte damals, gegen Ende der Adoleszenz, in Friaul. Gerade während ich fruchtlosen Phantasien über meine Zukunft nachhing, kam ein Erdbeben und fegte alles hinweg. Es kam mir vor wie ein Wink des Schicksals: Wenn von allem, was es gab, nichts mehr da war, so hieß das, daß ich aufbrechen und durch die Welt ziehen mußte. Da ich unter kaltem, feuchtem Klima immer gelitten habe, beschloß ich, gen Süden zu ziehen. Ich wollte nach Rom übersiedeln, weil es dort Palmen und berittene Carabinieri gab und auch, weil ich – ich weiß nicht, inwieweit zu Recht – das Gefühl hatte, dort, fern von der Strenge nordischer Erziehung, entspannter und fauler leben zu können. Ich wollte also dorthin übersiedeln, besaß aber nicht das nötige Geld, und als ich mir die Sache schon aus dem Kopf schlagen wollte, entdeckte ich, daß es ein interessantes Stipendium für die Dauer von drei Jahren gab, um an der Filmhochschule zu studieren. Daraufhin bewarb ich mich, ohne mich zu fragen, ob mir dieser Beruf zusagte oder nicht, um Aufnahme in die Regieklasse. Die Aufnahmeprüfung war sehr schwierig; als ich nach Rom kam, um sie abzulegen, begegnete ich Leuten, die schon zum vierten oder fünften Mal versuchten, an dieser Schule angenommen zu werden. Sie sahen mich an und sagten: »Du hast es gut, bist noch so jung, hast noch viele Jahre vor dir, um dein Glück zu versuchen.« Doch das Glück ist bekanntlich blind, und statt daß jene Herren, denen so viel daran lag, die Aufnahmeprüfung bestanden, ließ es mich bestehen, obwohl mich das Kino ganz kalt ließ und ich nur in der Sonne sein und die Palmen betrachten wollte.

In den Jahren, in denen ich die Schule besuchte, wuchs mein Interesse am

Film um keinen Millimeter. Während der Filmvorführungen schlief ich regelmäßig ein, übersprang ungeniert die Kritikstunden, und während meine Gefährten über Godard diskutierten, suchte ich eine Theatergarderobe auf und legte mich dort schlafen. Der einzige Unterricht, der mich ein wenig interessierte, war der über Drehbuchbearbeitung. Wir mußten die Klassiker der Literatur lesen, sie auseinandernehmen, analysieren und in Filmform umschreiben. Wenn ich daran zurückdenke, glaube ich, daß dies meine erste Schule des Schreibens war. In jenen Stunden habe ich gelernt, das, was für die Erzählung wesentlich ist, vom Unwesentlichen zu unterscheiden, und das ist für das Bücherschreiben sehr wichtig. Am Ende des Studiums stürzte ich mich nicht in große Projekte, sondern fing als Regieassistentin bei Filmen an, in denen vorwiegend nackte Filmsternchen mitwirkten. Unterdessen hatte ich mein gesundes Leben einer Athletin aufgegeben, ging jede Nacht im Morgengrauen zu Bett, gab mich Anwandlungen jeder Art hin, und wenn ich morgens heimkam, sagte ich mir: Anstatt als Gärtnerin zu arbeiten, arbeite ich als Regisseurin; daran, Regisseurin zu sein, liegt mir ebensowenig wie daran, Gärtnerin zu sein, was ist also mein Leben? Wozu bin ich geboren? Was ist das eigene Leben, welchen Sinn hat es? Diese Fragen stellte ich mir, und wie immer wußte ich keine Antwort darauf. Zu der Zeit wohnte ich mit einer Gruppe Puppenspieler zusammen. Einer von ihnen beschäftigte sich leidenschaftlich gern mit Astrologie, und so zeichnete er eines Abends mein Horoskop, und nachdem er es eine Weile versunken betrachtet hatte, sagte er: »Du wirst eine Künstlerin, ja, eine Künstlerin.« – »Künstlerin?« wiederholte ich verblüfft, »Künstlerin? Aber wenn ich doch weder malen noch ein Instrument spielen kann, wie soll ich da eine Künstlerin werden? Oder meinst du vielleicht eine Varietékünstlerin? Sag mir wenigstens, welche Art von Künstlerin!« Er aber sagte mir nichts weiter, und so beschloß ich am nächsten Morgen, nachdem ich die ganze Nacht darüber nachgedacht hatte, daß ich mich in einer Schule einschreiben würde, um Geige spielen zu lernen. Falls ich es erraten hatte, würde ich eine große Solistin, sonst könnte ich immer noch mit einem

Hund neben mir auf der Straße oder auf Hochzeiten spielen. Das Geigenstudium dauerte nicht lange, etwa die Zeit, um aus zwei oder drei Wohnungen hinausgeworfen zu werden wegen der ununterbrochenen Belästigung durch mein Üben.

Ich wurde immer unruhiger, führte ein immer unregelmäßigeres Leben und konnte mit nichts etwas anfangen. Ich hatte meine Leidenschaft für die Natur vergessen, ich hatte den Sport aufgegeben, schlug mir alle Nächte um die Ohren, die Tage ebenso, es war, als hätte ich ein großes Fieber in mir, etwas, das an mir zehrte, ich wußte aber nicht, was. Dann kamen mir plötzlich eines Tages, während ich über den Ponte Sisto ging und auf den trägen und schlammigen Tiber hinuntersah, einige Wörter in den Sinn. Es war das erste Mal, daß mir so etwas passierte. Sofort trat ich in einen Tabakladen, kaufte ein Heft und einen Stift, lehnte mich an eine Mauer und schrieb die Wörter auf. Seitdem habe ich nie mehr zu schreiben aufgehört. Ich schrieb zu jeder Tages- und Nachtzeit und so hastig, daß ich es oft hinterher nicht mehr entziffern konnte. Ich schrieb scheußliche Gedichte und noch scheußlichere, zusammenhanglose Erzählungen, doch während ich sie schrieb, erschienen sie mir wunderschön, mir war, als hätte zum ersten Mal in meinem Leben alles einen Sinn; die Dinosaurier kamen darin vor und das Geheimnis der Erde, die plötzlich im Dunkel der Nacht entstanden war, das Rätsel der Schwerkraft und das meines Unverständnisses für alles rundum. Dort auf dem Papier klärte sich nach und nach alles, nahm Form an. Noch war ich nicht ganz sicher, eine Schriftstellerin zu sein, und ich wußte auch nicht, was ich konkret hätte tun sollen, um eine zu werden. Ich gehorchte jenem Fieber, das an mir zehrte, wie ein Sklave einem furchterregenden Herrn gehorcht. Gelegentlich arbeitete ich noch mit den spärlich bekleideten Filmsternchen, aber ich spürte, daß sich in mir etwas veränderte. Ich fing an, immer öfter allein sein zu wollen, immer mehr in mein Herz hineinzugehen, alles irritierte mich, alles rundherum kam mir vor wie sinnloses Spektakel. Ich hörte auf mit den Filmsternchen, mit den rauschenden Nächten; ich begann wieder, lange, einsame Spaziergänge über die Felder zu machen, nachts wachzuliegen und an die Decke zu starren. Kurzum: wenig später wurde ich krank und hatte nichts mehr auf der Bank. Diese Situation, also Krankheit und finanzielle Schwierigkeiten, hat dann etwa zehn Jahre gedauert. Die Ausgrenzung und Einsamkeit der Kindheit kehrten in mein Leben zurück. Ich konnte mit niemandem sprechen, ich konnte keine Arbeit finden; und wenn ich einmal eine fand, war ich noch unglücklicher als vorher. Ich ging morgens früh aus dem Haus, und im Bus, der mich zum Büro brachte, brach ich in Schluchzen aus. Abends, wenn ich heimkam, warf ich mich weinend aufs Bett und fiel nach den Tränen ohne Abendessen direkt in den Schlaf. Ich haßte alles an meiner Arbeit, außer daß sie mir ermöglichte, recht und schlecht zu überleben. Unterdessen war nämlich etwas geschehen: Ich hatte zwei Bücher geschrieben, und mit diesen beiden Büchern hatte ich die Sicherheit gewonnen, eine Schriftstellerin zu sein. Ich wußte es nun, aber sonst schien niemand um mich herum es zu bemerken. Die Verlage schickten meine Manuskripte regelmäßig zurück, und die Mehrheit der Leute war erneut geneigt, mich mehr dem Wahnsinn als irgendeiner Kunstform nahe zu sehen. Ich war allein und hatte schreckliche Dinge im Kopf. Meine Gesundheit verschlechterte sich immer mehr, mein gesellschaftlicher Status ebenso. Ich sage diese Dinge, weil sie sehr wichtig sind. Denn viele glauben, Schriftsteller seien privilegierte Wesen und das Schreiben ergebe sich als Folge guter Lektüre und einer besonders scharfsichtigen Intelligenz. Bei mir war es nicht so, und ich glaube, daß dem nie so ist, wenn das Schreiben eine alles umfassende Lebensentscheidung ist. Mit fünfundzwanzig wußte ich einfach, daß ich nur eins tun konnte, nämlich schreiben, und ebenso genau wußte ich, daß mich meine Berufung, so wie sie geartet war, daran hinderte, mich normal in das Alltagsleben einzufügen. Ich war das, was man einen gesellschaftlich ungeeigneten Menschen nennt. Ich besuchte keine literarischen Salons, keine erlesenen Künstlerkreise, lebte nicht in einem großen Haus in wattierter Atmosphäre, wo ich die Schatten meiner Gedanken zu erhaschen versuchte, nein, ich lebte immer allein und spazierte durch die stinkenden Straßen der Stadt, ich ging spazieren und sah mich um, sprach mit den Leuten auf den Bänken, ich ging spazieren und fragte mich weiterhin das, was ich mich schon immer gefragt hatte: Was tue ich mitten in all dem, ich fragte es mich und wußte keine Antwort, dachte daran, wie ich mir wohl das Geld verdienen könnte, um den nächsten Monat zu überleben. Unterdessen schickten mir erneut viele Verlage meine Manuskripte zurück. Es tut uns leid, stand dabei, aber unser Haus hat keinen Platz für diese Art von Erzählungen, es tut uns leid, aber Sie haben keinerlei Talent, sehr bedauerlich, liebe Freundin, aber Sie machen beim Schreiben zu viele Fehler, Sie können keine Grammatik und verstehen nichts von Satzbau… Anfangs hatten mich diese Antworten nicht weiter aufgeregt, denn ich wußte, daß alle zu Beginn auf Schwierigkeiten gestoßen waren, aber im sechsten oder siebten Jahr der Absagen begann ich ein undeutliches Gefühl der Beunruhigung zu spüren. Es war, als stünde zwischen mir und der literarischen Welt die gleiche Glaswand, die es in meiner Schulzeit zwischen mir und meinen Lehrern gegeben hatte. Als mein fünftes Buch zum achten Mal abgelehnt wurde, verlor ich den Mut und beschloß, daß ich nie wieder ein Buch an einen Verleger schicken würde.

Es gibt ein Gesetz auf dieser Welt, das vielleicht grausam, doch vielleicht auch sehr weise ist, und zwar, daß etwas dann geschieht, wenn man sich nicht mehr wünscht, daß es geschehen soll. So war es auch bei mir: In dem Augenblick, in dem ich mir vorgenommen hatte, es nicht weiter zu versuchen, hatte eine Freundin von mir, der mein letztes Buch sehr gefallen hatte, dieses an einen ihr bekannten Verleger geschickt; dem Verleger hatte es ebenfalls gefallen, er hatte mich zu sich bestellt und mir einen Publikationsvertrag angeboten. All das ist erst fünf Jahre her. Nach diesem ersten veröffentlichten Buch habe ich noch eins geschrieben, und unterdessen steht in meinem Personalausweis bei Beruf: Schriftstellerin.

Ich habe diesen kurzen Beitrag *Die Demut des Blicks* genannt, und vielleicht werden sich an dieser Stelle viele fragen, was das wohl mit dem zu tun hat, was ich bisher erzählt habe. Vor allem muß ich sagen, daß ich, obwohl er ein wenig aus der Mode gekommen ist, den Begriff der Demut sehr liebe. Ich liebe die Demut ebenso sehr, wie ich die Bescheidenheit hasse. Nicht zufällig ist ja das Wort Bescheidenheit oft von dem Adjektiv »falsch« begleitet. Zusammen mit der Demut liebe ich auch die Geduld sehr. Demut und Geduld sind, meiner Meinung nach, die beiden Hauptvoraussetzungen, um die Kunst des Schreibens ausüben zu können. Zu oft neigt man bei schöpferischen Tätigkeiten, und nicht nur dort, dazu, sich mit einem Stolz und einer Überheblichkeit aufzublähen, die ebenso sinnlos wie dumm sind. Stolz und Überheblichkeit, die Überzeugung, »ich habe alles verstanden und jetzt erklär' ich's dir«, sind die schlimmsten Feinde einer wahren und tiefen schöpferischen Tätigkeit. Um schreiben zu können und damit das Schreiben einen Sinn hat, muß man den Mut haben zu leiden, viel zu leiden und sich selbst auf den Grund zu gehen, man muß die Demut haben, immer wieder zu fragen, was tue ich hier, und jedesmal keine Antwort darauf wissen. Man muß den Mut haben, sich nicht von der Macht erfassen zu lassen, sich niemals erhaben und besser als alle anderen zu fühlen, die um uns herum sind. Man muß sich eben die Demut des Blicks bewahren.

Das ist es, was ich in meinem Leben, teils wegen meines Schicksals und teils aus Willenskraft, bisher getan habe und auch in der Zukunft zu tun hoffe. Die Möglichkeit, sich durch eine künstlerische Begabung auszudrücken, ist eine der größten Chancen, die ein Mensch bekommen kann, doch es ist eine Chance, die nicht sein Verdienst ist. Die Gene, die Vererbung, der Zufall oder besser gesagt das Schicksal und noch etwas anderes, eher Unbegreifliches, stehen dahinter. Ich habe sie bekommen, aber es hätte auch jemand anderem passieren können. Gerade weil es sich um eine so seltene Gabe handelt, muß man sorgsam damit umgehen, als wäre sie eine zerbrechliche und schutzlose Kreatur. Die Welt ist voll von Begabungen, die sterben, getötet von denen, die sie besitzen. Die Arroganz tötet sie, die Überheblichkeit, der Wunsch nach Anerkennung und Erfolg. Alles, was äußerlich ist, darf die schöpferische Tätigkeit nicht beeinträchtigen. Man muß die Bücher aus einem wahren, absoluten und unverzichtbaren inneren

Bedürfnis heraus schreiben. Man muß einfach sein und aus der Einfachheit Tiefe entstehen lassen und umgekehrt.

Wenn ich schon im zartesten Alter bewunderungswürdige Sätze von mir gegeben hätte, würde ich diese Dinge wahrscheinlich nicht sagen. Ich habe aber eine lange Lehrzeit durchmachen müssen, ich bin in dem Glauben geboren worden, ich sei zu nichts fähig, und habe an dieser Vorstellung mehr als drei Viertel meines Lebens festgehalten – auch jetzt, da alle glauben, ich sei fähig zu schreiben, bin ich selbst keineswegs davon überzeugt, und wenn ich mich vor ein Blatt setze, fange ich vor Unsicherheit zu weinen an, ich habe keine Methode, keinen Stil, kein Gesetz, ich denke an meine Spaziergänge, in der

Nacht und am Tag, durch die stinkenden Straßen, ich denke an die Gesichter, die mir begegnet sind, an das Rätsel des Schicksals und an alles, was dahinter steht; an diese Dinge denke ich und frage mich, was ich in all dem tue, ich frage es mich und weiß keine Antwort, und dann beginne ich zu schreiben. Es ist jedesmal eine Entdeckung, ein Forschen, etwas, wodurch ich etwas mehr von mir selbst und den anderen verstehen oder es jedenfalls versuchen kann: von den unkontrolliert durch den Raum schweifenden Meteoriten, von den für immer in der Erde schlummernden Dinosauriern, vom Universum, das fast aus dem Nichts entstanden ist und uns auf diesem fast Nichts durch ein unerbittliches Gesetz an der Schuhsohle festhält, warum es uns bis zu einem gewissen Punkt festhält und dann nicht mehr, und was dann passiert nach diesem nicht mehr, ob dann alles versinkt, zusammen mit den Kiefern und Knochen der Fossilien, oder ob sich wieder etwas öffnet, ob wir ein anderer Blick werden, das Leben eines Blattes, der Blütenstaub, eine Ameise oder der leichte kühle Wind, der seit jeher bei Tagesanbruch die Welt liebkost.

Lob der Anmut

Als ich zum ersten Mal mit der Vorstellung von Schönheit in Berührung kam, war ich fünf Jahre alt. Ich ging mit meiner Mutter durch Venedig, wir wollten zum Lido fahren, um die Biennale anzusehen, also die größte Ausstellung bildender Kunst in Italien. Da bis zur Abfahrt des Vaporettos noch ein wenig Zeit blieb, schlenderten wir über den Markusplatz. Dort, während ich zwischen den Beinen der Touristen den Tauben nachlief, war ich plötzlich wie vom Donner gerührt von einem Stand, an dem Souvenirs aus Muscheln verkauft wurden. Es gab aus bunten

Muscheln zusammengesetzte Madonnenbilder, Gondeln aus Miesmuscheln, beflaggt mit strahlenden Glühbirnchen, kleine Schreine mit Intarsien aus allen erdenklichen Muscheln und Dutzende weiterer derart einzigartiger und schöner Gegenstände, daß es mir den Atem verschlug. Ich weiß nicht, wie lange ich gebannt davor stehenblieb und sie bewunderte, aber ich weiß, daß ich irgendwann die Stimme meiner Mutter hinter mir hörte, die mir befahl, weiterzugehen. Daraufhin gab ich ihr widerwillig die Hand und sagte hingerissen zu ihr: »Mama, hast du gesehen, was für schöne Sachen es da gibt?!« Was in der verschämten kindlichen Ausdrucksweise bedeuten sollte: Ob du wohl so freundlich wärest, mir etwas davon zu kaufen? Und gerade als ich überlegte, auf welches jener Wunderdinge meine Wahl fallen würde, zog meine Mutter mich ruckartig am Arm und sagte: »Los, komm, die Sachen sind doch von grauenhaft schlechtem Geschmack, siehst du das nicht?!«

Die folgenden Tage verbrachten wir unentwegt in den Ausstellungshallen der Biennale und mit endlosen Mittag- und Abendessen in Gesellschaft von Kritikern und Künstlern. Mir war, ehrlich gesagt, zum Sterben langweilig. Die anderen betrachteten die ausgestellten Werke, riefen: »Wunderbar« – »Außerordentlich«, und stürzten sich in lange Diskussionen, während ich mich mißmutig von einem Stuhl zum anderen schleppte und in Gedanken hartnäckig jenen Kunstwerken aus Muscheln nachhing und der Ablehnung, die sie durch meine Mutter erfahren hatten. Sosehr ich mich auch abmühte, es gelang mir nicht zu begreifen, was sie mit »grauenhaft schlechtem Geschmack« gemeint hatte. Von »grauenhaft schlechtem Geschmack« war für mich nur eins: Lebertran. Der war wirklich von grauenhaft schlechtem Geschmack. Es genügte, einen einzigen Löffel voll davon zu kosten, damit einem danach war, sich den ganzen Vormittag lang zu übergeben. War es möglich, daß jene wunderbaren Gegenstände vom gleichen Geschmack waren?

Zu jener Zeit war ich schon zu der Einsicht gelangt, daß die Welt voller unverständlicher und widersprüchlicher Dinge war, und das mußte wohl der Grund sein: Die Muschelwerke waren offenkundig vom gleichen Geschmack wie der Lebertran, also von einem grauenhaft schlechten Geschmack. Daher auch ihr außerordentlicher Glanz. Der Lebertran auf dem Löffel schimmerte genauso. Offensichtlich waren die Muscheln, um sie zu stärken, lange in Lebertran getaucht worden, bevor man sie ausstellte.

Diese Theorie befriedigte mich und milderte meine Unruhe bis zu dem Tag, an dem ich mit Begeisterung auf einer Ladentheke ein Kleid entdeckte, das mit der gleichen Definition abgetan wurde. Das machte alle meine Gewißheiten in bezug auf den schlechten Geschmack wieder zunichte.

In den folgenden Monaten, in denen ich mit größerer Aufmerksamkeit als sonst den Gesprächen der Erwachsenen lauschte, wurde mir klar, daß es auch

Häuser von schlechtem Geschmack geben konnte, Menschen, Orte, Schuhe, Speisen, Wörter, abgeschmackte Situationen, und wenn ich auch nicht begriffen hatte, was das sei, so verstand ich wenigstens, daß der schlechte Geschmack eine der tragenden Säulen war, auf denen die Welt ruhte. Und nicht nur das. In den folgenden Monaten und Jahren merkte ich, daß ich eine Art ungeschickter Zauberer war, denn alles, worauf ich mit dem Finger deutete, um es meiner Mutter zu zeigen, verwandelte sich sofort in ein Ding von grauenhaft schlechtem Geschmack. Deshalb, vielleicht beunruhigt von diesem verhängnisvollen Talent, fuhr meine Mutter nicht nur fort, mich in Ausstellungen moderner Kunst mitzunehmen, sondern begann auch, mir Reproduktionen berühmter Gemälde in die Hand zu drücken und zu sagen: »Schau mal, ist das nicht schön?«

Nun weiß man ja, daß Kinder die Erwachsenen gerne zufriedenstellen wollen, also begann ich, da ich keine Ausnahme bildete, mich in der subtilen Kunst der Lüge zu üben. »Schön«, sagte ich daher eines Tages mit gespielt bewegter Stimme vor einem Bild von Mondrian; »schön« wiederholte ich unzählige Male angesichts von schwarzen Krusten, Löchern, konzentrischen fluoreszierenden Kreisen, »schön« behauptete ich jahrelang vor jedem Ding, von dem ich vermutete, es könnte ein Kunstwerk oder etwas Ähnliches sein. Denn unterdessen war mir klar, daß der schlechte Geschmack sich zum Schönen verhielt wie die Nacht zum Tag, und daher genügte es, um keine Fehler zu machen, alles, was mir gleichgültig war oder mir überhaupt nicht gefiel, mit diesem lobenden Adjektiv zu belegen. Natürlich fuhr ich innerlich, insgeheim, fort, alles zu bewundern und zu verehren, was von grauenhaft schlechtem Geschmack war.

Selbstverständlich habe ich unter diesen mißlichen Bedingungen in meiner Kindheit kein einziges Mal gedacht, daß ich, wenn ich groß wäre, Künstlerin werden würde. Damals, als mein Finger wie ein Zauberstab alles in Dinge von schlechtem Geschmack verwandelte, interessierte ich mich leidenschaftlich für Naturwissenschaften und war ziemlich überzeugt, daß ich, wenn ich groß wäre, Biologin, Zoologin oder etwas Ähnliches werden würde. Schön, nein, wunderschön waren für mich Kristalle und Felsen, schön war für mich die Fuchsschnauze mit den schwarzen Augen darüber, die glänzten wie Stecknadelköpfe; schön waren die Schmetterlinge und davor die Raupen, schön die Spinnen, die Mäuse, die Ameisen; schön die in der Sonne schlafenden Eidechsen, schön die Herbstblätter und wunderschön die Knospen im Frühling. Kurz gesagt, schön war für mich alles, was diesseits oder jenseits des menschlichen Tuns geschah oder existierte. Und warum war es schön? Weil es mich stark bewegte. Und es war keine intellektuelle Bewegtheit, sondern etwas Plötzliches und Heftiges, das mir im Bauch explodierte und sich von dort wie eine feine Lust im ganzen Körper ausbreitete.

Da das Leben weder schön noch häßlich, sondern merkwürdig ist, bin ich in den folgenden Jahren nicht Biologin, sondern zu meiner großen Verwunderung Schriftstellerin geworden, und wenn dies auch keineswegs mein Verhältnis zur bildenden Kunst verändert hat, so hat es mir doch genützt, um zu verstehen, warum mich eine Fuchsschnauze mehr bewegte und immer noch mehr bewegt als ein Bild von Mondrian.

Nicht nur die Dinge von schlechtem Geschmack zogen mich als Kind an, sondern auch das Studium der Naturwissenschaften faszinierte mich. Mit etwa acht Jahren lernte ich aus der Lektüre eines Buches, daß es die Erde nicht schon immer gegeben hatte, sondern daß sie sich in grauer Urzeit aus einer im Weltall umherirrenden Masse von Staub und Trümmern gebildet hatte. Das lernte ich, und auch, daß das Leben nicht immer gleich gewesen war, sondern sich mehrmals und oft auf drastische Weise geändert hatte. Es hatte Ammoniten gegeben, Trilobiten, und das Meer, das sich überall ausdehnte, das Meer hatte sich zurückgezogen, war zu Eis geworden, aufgetaut und noch einmal gefroren, es hatte Dinosaurier gegeben, und vielleicht waren sie durch einen Meteoriten verschwunden, an ihrer Stelle waren Tupajas gekommen, und nach Millionen und Abermillionen Jahren waren diese Tupajas Menschen geworden und hatten zu sprechen gelernt. Der Gedanke, daß hinter unserer Existenz eine so große und komplexe Geschichte stehe und daß der Anfang dieser Geschichte ein Geheimnis sei, erzeugte in mir ein starkes Gefühl von Kleinheit und Staunen. Staunen über alles, was es gab, und über die Hartnäckigkeit, mit der es weiter existierte.

Dieses Gefühl der Unsicherheit, das ich so verfrüht empfunden hatte, führte jedoch nicht, wie man vielleicht glauben könnte, zu einer Ablehnung der Welt, sondern zu einer erstaunten und leidenschaftlichen Anteilnahme. Die Geschichte der Geschichten, das heißt die Schöpfung, fasziniert mich noch immer wie an dem Tag, an dem ich sie entdeckte, und in diesem Fasziniertsein von der unendlichen Vielfalt von Lebensformen wurzelt mein Schönheitsempfinden.

In einer Vision, die Jahrmillionen

umfaßte, schien mir der Mensch sogleich das am wenigsten interessante Ereignis zu sein. Nicht nur das am wenigsten interessante, sondern auch das zu seinem Unglück am wenigsten anmutige. Anmut ist für mich der fundamentale Begriff, der in sich die Schönheit einschließt. Die Anmut ist die Gabe der Kreaturen, die in Einklang mit den unauslotbaren Gesetzen des Universums leben. Der laufende Fuchs hat kein Bewußtsein seiner selbst: Er existiert, und all seine Lebensenergie ist übermächtig darauf gerichtet zu existieren. Er ist schön, wenn er läuft, elegant, voller Anmut. Deshalb bewegt mich eine Fuchsschnauze oft mehr als ein Gemälde. Ein Gemälde, das Werk eines Menschen, muß, um mich zu bewegen, Ausdruck des gleichen Geheimnisses sein, eines Gleichgewichts von Harmonie und Unbewußtheit. Der Mensch dagegen ist ohne Anmut, besessen von einem überzogenen Selbst-Bewußtsein. Ein Selbst-Bewußtsein, das weder die Kinder noch die Tiere haben, die von natürlicher Anmut sind. Um dorthin zu gelangen, muß der Mensch einen langen Weg rückwärts gehen: Von der Bewußtheit muß er zur Unbewußtheit zurückkehren, muß sich als Teil eines unergründlichen Geheimnisses fühlen, muß sich klein fühlen und voll Bewunderung für dieses ständige Wunder des Lebens sein.

Schön ist für mich somit das, was kein Bewußtsein hat, die Harmonie der Formen der Natur in ständiger Bewegung. Folglich sind die einzigen Künstler, die ich lieben kann, genau die, die in ihren Werken dieses ambivalente Gefühl von Geheimnis und Wunder widerspiegeln. Von Kleinheit und Bewunderung.

Susanna Tamaro im Diogenes Verlag

Love

Fünf Erzählungen
Aus dem Italienischen von Maja Pflug

»Die Großnichte Italo Svevos hat mit ihrem Debüt sogleich ein kleines, in sich abgerundetes Meisterstück hingelegt. Fünf Geschichten von Menschen, zumeist Kindern und alten Leuten, die um Würde und eine menschengerechte Existenz ringen und doch zum Scheitern verurteilt sind.« *Bremer*

»Susanna Tamaro ist genau das gelungen, was Hunderte erfolglos versuchen, nämlich ein Buch über die Trauer zu schreiben, das ohne Klischees auskommt und auf Anklage sowie wehleidige Selbstbespiegelung verzichtet.« *Tages-Anzeiger, Zürich*

Geh, wohin dein Herz dich trägt

Roman. Deutsch von Maja Pflug

Der innige, nie abgesandte Brief einer Großmutter an ihre Enkelin: Vom Leben Abschied nehmend, vertraut die Ältere der Jüngeren ihre Hoffnungen und Gefühle an, all das, was hinter der bürgerlichen Fassade verborgen blieb, Lebenslügen und Lebenstraum. Ein Vermächtnis, ein Weisheitsbuch.

»Das Buch verblüfft durch die Leichtigkeit, mit der das Schwere verhandelt wird, durch das unerschrockene Bekenntnis zur Überlegenheit des Gefühls. Auch durch seine vollständige Freiheit von Sarkasmus, Zynismus, Ironie. ›Gefühle‹, sagt Susanna Tamaro, ›sind heute ein stärkeres Tabu als der Sex.‹«
Doja Hacker/Der Spiegel, Hamburg

»Susanna Tamaro erzählt ihre Geschichte mit einem wunderbar leisen, melancholischen Ton und einer

trotzdem leichtflüssig-unprätentiösen Sprache. Ein Buch voll beeindruckender atmosphärischer Dichte.«
Alexander Hilbert/Die Weltwoche, Zürich

»Das Buch ist in einem nichtsentimentalen Sinn ergreifend, bewegend, zu Herzen gehend. Es besticht insbesondere durch seine erzählerischen Tugenden – Präzision der Beobachtung, Genauigkeit der Sprache, Tiefenschärfe der Charaktere und durch wunderbare Einfachheit und Klarheit der Schilderungen.«
Beate Pinkerneil/Focus, München

Kopf in den Wolken

Roman. Deutsch von Ulrich Hartmann
[Erscheint im September 1995]

»In Ton und Gestus einer Schelmenerzählung zaubert Susanna Tamaro nicht nur den Kopf ihres jugendlichen Helden in die Wolken, sondern die ihrer Leser dazu.« *Süddeutsche Zeitung, München*

»Ein poetisches Buch vom Erwachsenwerden, Schelmenroman und phantasievolles Märchen in einem.«
Hamburger Abendblatt

Der kugelrunde Roberto

Eine Kindergeschichte mit Bildern von Tony Ross
Deutsch von Maja Pflug

»Immer, wenn Roberto sich allein fühlt, und das kommt oft vor, erliegt er dem lockenden Ruf seines einzigen Freundes, des sprechenden Kühlschranks. Roberto futtert, was er nur greifen kann. Zum Entsetzen der Mutter...
Ein wahrhaft verrücktes Abenteuer, von Schlaf und Träumen erzählend, von Eßlust und Eßsucht, von Mut und Bewährung, von Liebe und Toleranz – ein Trost für alle Dicken, ein launiges Plädoyer für das Recht, so zu sein, wie man ist.« *Darmstädter Echo*